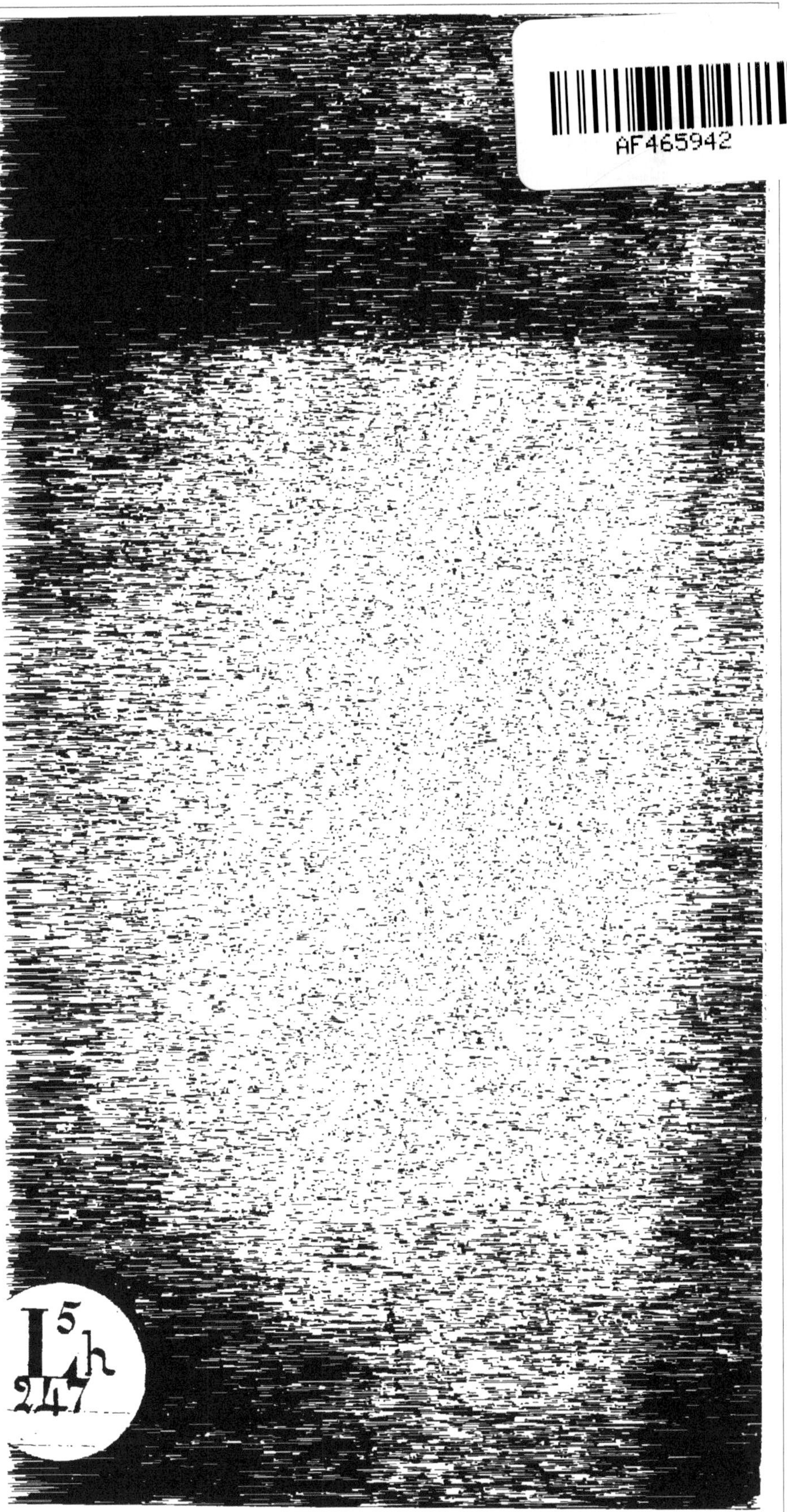

DÉTAILS

SUR

L'EXPÉDITION, L'ASSAUT ET LA PRISE

DE

CONSTANTINE.

DÉTAILS

SUR

L'EXPÉDITION, L'ASSAUT ET LA PRISE

DE

CONSTANTINE,

Par un Témoin oculaire,

Membre de la Commission scientifique de l'Expédition française.

LYON.

IMPRIMERIE DE GABRIEL ROSSARY,

Rue Saint-Dominique.

1838.

Bone, septembre 1837.

La lutte de sept ans que les troupes françaises ont soutenue contre les peuples barbares de l'Afrique, a été sans doute riche en événements remarquables et glorieux ; mais la guerre de Constantine est assurément le plus beau fait d'armes qui honore le drapeau français dans cette partie du monde.

Si nous avons été punis de notre curiosité par sept nuits terribles passées dans l'eau et dans la boue devant Constantine, nous nous croyons amplement payés de nos peines par le plaisir que nous avons eu de voir combattre la jeunesse française. Ces vétérans de vingt ans ont renouvelé en Afrique les exemples d'intrépidité et de patience que leurs pères de 1812 avaient donnés en Europe.

Nous avons été témoins de l'influence qu'exerce le fanatisme religieux sur des barbares ; nous avons étudié l'intérieur d'un pays mystérieux, et admiré les ruines de Certa et son inculte et vigoureuse nature.

En visitant les ruines des villes romaines, les solitudes mélancoliques du vieux Atlas, et la terrible race d'hommes qui habite ses rochers, ces Bédouins blancs comme des spectres, avec leurs barbes pittoresques, ces Kabaïles décharnés, enfants de la plus misérable

Barbarie, toute cette nature sauvage par son aspect, et riche des souvenirs d'une brillante civilisation, animée par la vie de la guerre, retentissante du bruit des armes et des fanfares, nous avons été bientôt dédommagés des fatigues de notre navigation et de nos courses à travers les déserts.

Peut-être y a-t-il en France des hommes mécontents de cette belle victoire, qui ne veulent pas de cette colonie africaine, parce qu'elle coûte trop d'argent; mais le vrai Français ne peut que se réjouir au récit de ces combats; et quoi qu'en disent les froids calculateurs qui pèsent tout au poids des écus, la gloire compte pour quelque chose dans la richesse des nations.

DÉTAILS

SUR

L'EXPÉDITION, L'ASSAUT ET LA PRISE

DE

CONSTANTINE.

Ce fut le 1er octobre que l'armée sortit du camp de Merdjez-Hammar pour marcher sur Constantine. Elle se composait de quatre brigades, dont chacune avait à peine la force d'un régiment ; le tout ne comprenait pas plus de 7,000 hommes. Les fièvres et les dysenteries avaient décimé les rangs. Les grands hôpitaux de Bone, les barraques d'ambulance des camps de Dréan, de Ghelma et Merdjez-Hammar ne suffirent pas au nombre toujours croissant des malades. On eut recours enfin aux bâtiments à vapeur, qui transportèrent plusieurs centaines de convalescents en France. Toutefois, les corps d'Afrique proprement dits, les zouaves, les chasseurs d'Afrique, etc., avaient moins souffert.

Les deux premières brigades, commandées par le duc de Nemours et le général Trézel, bivouaquèrent le 1er octobre sur les hauteurs de Raz-el-Akba. Le sommet de cette montagne s'élève à 2920 pieds de Paris au-dessus de la Méditerranée. Les oliviers sauvages, les arbres qui portent la pistache et le tamarin, forêts qui, dans les environs de Merjdez-Hammar, ornent les collines et les vallées d'un vert toujours varié, disparaissent tout à fait sur le Raz-el-Akba, et le pays, jusqu'à Constantine, prend un aspect d'aridité qui désespère la vue sans lui offrir un arbre, un buisson pour la consoler. Notre bivouac était sur la même place où Achmet bey avait eu le sien; on y trouva une grande quantité de paille. Les soldats portaient du bois pour trois jours sur leurs havresacs, et bientôt des feux étincelants éclairèrent la montagne; et les merveilles culinaires du soldat français brillèrent au même lieu où quelques jours auparavant avait fumé le triste kouskousou des Arabes d'Achmet. A un quart de lieue à l'est de notre bivouac, on vit une masse considérable de ruines, connue dans le pays sous le nom d'Anouna. Nous prîmes copie d'une trentaine d'inscriptions latines; mais aucune ne nous révéla le nom de cette ville numidienne. On trouve à l'entrée de ces ruines l'unique inscription que Shaw nous fait connaître, ainsi que le bâtiment avec la croix de pierre et l'ancre dont il parle. Les inscriptions que nous copiâmes se trouvent toutes sur des pierres tumulaires; malheureusement les plus importantes sont tronquées. Aucun des anciens géographes ne fait mention d'une ville dont la situation puisse indiquer que c'est Anouna. On doit en être d'autant plus étonné qu'on y aperçoit très-distinctement les traces d'une grande route romaine dans la direction de Cirta (Constantine), et qu'on doit présumer qu'il existait une communication très-fréquentée entre cette ville et Calama (Ghelma).

Le 2 octobre, l'armée campa auprès du marabout de Sidi-Tamtam, où l'on trouve des tombeaux arabes. La troisième et la quatrième brigades, commandées par le général Rulhières et le colonel Combe, se tenaient toujours une demi-journée en arrière pour protéger le grand convoi qui, avec sa multitude de voitures et de mulets, occupait deux lieues de route. « Si Achmet attaquait notre arrière-garde avec toutes ses forces, disait un officier supérieur dont l'avis avait dans l'armée l'autorité d'un oracle, nous pourrions arriver devant Constantine dans un état qui rendrait le succès de l'expédition très-problématique. »

En effet, les troupes n'étaient pas assez nombreuses pour protéger un convoi d'une telle étendue, et les Arabes auraient pu facilement jeter un désordre affreux dans les bagages. Heureusement Achmet avait renoncé à nous livrer bataille et voulait concentrer sa résistance dans sa capitale et les environs. Souvent nous vîmes des patrouilles de cavalerie qui, des hauteurs stériles, nous regardaient; mais elles disparaissaient aussitôt que notre avant-garde approchait d'elles.

Le 3, l'armée campa auprès de Ouad-el-Aria, petit ruisseau dont les eaux limpides rafraîchirent agréablement nos soldats. Je dois remarquer qu'en général nous n'avons pas manqué d'eau. S'il n'y a pas de rivières navigables dans ce pays, en revanche il y a une grande abondance de sources et de petits ruisseaux : on ne fait pas une lieue sans en trouver; ils courent ordinairement vers l'est. Ce n'est que dans la saison la plus chaude, depuis le mois de juillet et jusqu'au mois de septembre, que beaucoup de ces ruisseaux se tarissent. La contrée que nous parcourûmes depuis Merdjez-Hammar était d'une stérilité désolante : je lisais sur les visages de quelques paysagistes qui suivaient l'armée, l'expression d'un désappointement complet. Ce n'est qu'aux approches de Constantine qu'ils se trouvèrent consolés par l'aspect d'une nature vraiment grandiose. Cependant, pour beaucoup d'entre nous, il était d'un grand intérêt d'observer la forme de l'Atlas à cette distance de la mer.

Depuis Raz-el-Akba, nous marchions dans un pays très-élevé, dont les vallées mêmes étaient au moins à 1,500 pieds au-dessus du niveau de la mer; mais les montagnes ne s'élevaient qu'à 500 pieds au-dessus des vallées; c'étaient de véritables collines. Les vallées s'élargissent quelquefois et se transforment en plateaux dont quelques-uns embrassent jusqu'à 30,000 hectares de terrain. On voit bien rarement des rochers; partout une terre grisâtre, une végétation pauvre, çà et là de petites herbes, mais généralement un sol nu. La daphné blanche, la scille maritime, l'ausonia inermis, quelques iris bleuâtres au pied des montagnes, l'oléandre enfin sur le bord des ruisseaux, voilà tout ce qu'on rencontrait de plantes dans ce désert montagneux et triste. Pas un arbre un peu élevé, pas un oiseau chantant pour mêler quelque poésie à cette solitude monotone. Il est vrai qu'on ne s'ennuie pas même dans un désert au milieu de quelques milliers de Français qui trouvent partout matière à causer et rire. Le règne animal était, s'il est possible encore, plus pauvre que le règne végétal. Aucun insecte ne bourdonne autour des fleurs clairsemées. Notre unique et assidu compagnon était le grand aigle à tête blanche dont une nuée immense planait au-dessus de nos têtes comme une armée de géans ailés. On ne pouvait regarder sans un saisissement profond ces oiseaux qui sentent les cadavres et qui suivent les armées comme les requins suivent les vaisseaux. Pendant le silence de la nuit, nous entendions le rugissement des lions que les feux de nos camps empêchaient de venir chercher leur proie parmi nos chevaux et nos mulets. Les plateaux stériles de la province de Constantine sont la véritable patrie de ces redoutables animaux; c'est là que le lion partage avec le Bédouin l'empire du désert; le lion en est le maître absolu pendant la nuit, et il apparaît régulièrement devant les douairs arabes pour lever la dîme sur le bétail.

Notre marche us u'à Constantine dura près de six

jours; quoique cette ville soit éloignée seulement de 19 lieues de Merdjez-Hammar et de 41 lieues de Bone. Les scènes de bivouac étaient toujours très-pittoresques. On campait toujours auprès d'un ruisseau ou d'une source, et le camp recevait le nom du village, ou du ruisseau, ou du tombeau, ou du marabout le plus proche. Dès que le carré était clos, il fallait voir et admirer l'activité des soldats français. Les uns couraient pour chercher de l'eau ou des tiges de chardons secs, faute de bois dont le pays est dénué; d'autres allumaient le feu et préparaient la cuisine; bientôt on voyait briller mille feux; ici on entendait des chants, là des causeries, plus loin des rires joyeux. Les orateurs du bivouac (c'était ordinairement des volontaires parisiens) rassemblaient autour d'eux leur auditoire, leur parlaient politique, et annonçaient les futures destinées de l'Europe. Les honnêtes et simples recrues de la Bretagne et de la Vendée écoutaient en silence, avec une foi religieuse, ces oracles de Paris qui ne savent douter de rien. Dès qu'il a mangé le potage au riz et rongé le biscuit sec, le soldat français se fait un lit aussi commode que possible. Une fois, je vis un soldat du bataillon d'Afrique ouvrir un tombeau arabe, en déloger l'antique habitant, et se coucher à sa place. D'autres restaient debout autour du feu pendant presque toute la nuit, causant et se faisant du café.

Les scènes du bivouac arabe sont toutes différentes. Dès que les spahis qui forment toujours l'avant-garde ont atteint le lieu destiné au repos, ils attachent les pieds de leurs chevaux, rangés sur deux colonnes, à des piquets de bois. Après ces soins, tous les Arabes se rassemblent pour faire la prière. Tournés vers l'orient, ils se jettent à terre la tête en avant, se lèvent et se couchent de nouveau, presque à l'instar des épileptiques, tandis qu'un d'entre eux murmure la formule de la prière. Quelquefois les rayons du soleil couchant, éclairant leurs visages à larges barbes, donnent à ces groupes absorbés par la prière un caractère de sainteté qui inspire en effet la vénération. Mais sitôt qu'il s'est acquitté de ce devoir pieux, l'Arabe devient gai et enjoué comme un enfant. On chauffe le kouskousou, on allume les pipes. Les plus jeunes des spahis commencent leurs jeux; les plus âgés les regardent, assis en demi-cercle, les jambes croisées; les chevaux forment le fond du tableau, et sont comme les spectateurs du côté opposé. Les jeux des Arabes sont des drames et des pantomimes, représentant des amours, des chasses, des combats, tableaux des mœurs du désert. Ces hommes, habituellement si graves et si sérieux, se livrent à cet amusement avec une vive gaîté; ils rient, ils plaisantent, ils crient quelquefois à troubler le sommeil de leurs camarades français. Quand ils ont assez de ces divertissements, ils forment ensemble un assez grand cercle; ils placent au milieu de ce cercle une lanterne de papier, et l'un d'eux commence un chant guttural en s'accompagnant d'une guitare de structure barbare; les autres écoutent immobiles et silencieux comme des statues. Ils passent ainsi leur soirée jusqu'à une heure avancée de la nuit. Souvent j'ai vu, après minuit, lorsque la plupart des feux des Français étaient éteints, les Arabes, assis sous les étoiles, écoutant le troubadour qui leur chantait les délices amoureuses des douairs.

Vers quatre heures du matin, on sonnait le réveil au camp. La musique de chaque régiment jouait ses airs les plus doux. Quelle misère brillante est la misère du soldat! Une musique suave lui donne la force et la patience, et ranime ses membres engourdis par le brouillard et la rosée glaciale du matin.

Dès qu'il faisait assez jour pour distinguer la route, l'avant-garde se mettait en marche; tous les corps suivaient dans l'ordre prescrit. L'artillerie et l'immense convoi se traînaient ensuite, puis venaient la troisième et la quatrième brigades qui avaient rejoint l'armée le 1er octobre. Souvent, quand il faisait beau, j'allais sur la colline la plus proche pour jouir de l'imposant spectacle que présentait cette longue colonne. Le 5 octobre nous aperçûmes enfin du sommet d'une hauteur couronnée par la ruine d'un beau monument romain, le but de notre pélerinage. Constantine! Constantine! crièrent les soldats en faisant retentir leurs armes. Je crois, en vérité, que le cri Moscou! ne fut pas répété avec plus d'enthousiasme par la grande armée de Napoléon. Ma foi, l'aspect d'une ville avait quelque chose de fort bienfaisant après une marche de cinq jours à travers un désert montagneux d'une monotonie mortelle, où l'on ne rencontrait pas une habitation humaine.

La position de l'ancienne résidence de Massinissa, bâtie comme un nid d'aigle sur un rocher gigantesque, au fond d'une large vallée, a vraiment quelque chose d'imposant. Nous ne pouvions d'abord apercevoir que la moindre partie de la ville; cependant nous vîmes bien distinctement le marabout de Sidi-Mabrouk sur la montagne de Mansourah et les bâtiments épars sur Coudiat-Aty. Le monument romain situé sur la colline où l'état-major s'arrêta quelques heures est appelé par les indigènes *Sommah.* Il a environ 30 pieds de hauteur et ressemble beaucoup au monument de la place des Innocents à Paris. Le grand nombre de belles pierres carrées qu'on voit au pied du monument, et qui sans doute en faisaient partie, prouvent qu'il était d'une grande dimension. Il n'est pas douteux que ces ruines ne soient celles d'un temple consacré au culte de quelqu'une de ces divinités auxquelles les Romains sacrifiaient hors de l'enceinte des villes.

Aucun lieu n'était plus favorablement situé que cette hauteur pour saisir d'un regard la direction des diverses chaînes de montagnes qui composent l'Atlas. L'œil embrassait cinq chaînes, toutes de hauteur à peu près égale; les sommets en sont presque aussi droits et aussi égaux que ceux du Jura. Il faut se placer à une distance de huit lieues pour voir s'élever un pic de quelques centaines de pieds au-dessus de la chaîne des montagnes. Selon des rapports exacts faits par les indigènes, elle règne encore dans une étendue de cinquante lieues vers le midi. A partir de là, les montagnes deviennent toujours plus petites et s'abaissent enfin au niveau des plaines immenses du pays des dattes, appelé par les Arabes Bilad-el-Dscherid, où habitent beaucoup de races d'Arabes; il y croît des palmiers. Ces plaines deviennent de plus en plus stériles à mesure qu'elles s'étendent vers le sud, jusqu'à ce qu'elles se confondent avec le grand désert de Sarah. Toutes les expéditions que les Français ont faites dans l'intérieur du pays, tous les renseignements pris auprès des indigènes, des voyageurs ou des prisonniers qui avaient pu pénétrer dans les parties les plus méridionales de la Barbarie, ont établi ce fait qu'il existe un seul Atlas qui s'étend sur toute la Barbarie, qui s'enchaîne partout et s'abaisse à mesure qu'il s'avance vers le sud. Il n'existe donc pas, comme l'indiquent les cartes d'Afrique, un *Grand-Atlas* parallèle à un *Petit-Atlas* dont il serait séparé. Le sommet le plus élevé de cette montagne est probablement le Jourjoura, le *Mons-Ferratus* des anciens, à l'est d'Alger, dans les environs de la Flissa, et qui ordinairement est couvert de neige jusqu'au mois de juillet.

Les premières hostilités commencèrent le 5 octobre (1)

(1) Parmi les militaires non gradés qui ont reçu la croix de la Légion-d'onneur, on a remarqué le nommé Alaux, du 3e chasseurs, qui fut le premier amputé de la campagne. Dans un des engagements du 5 octobre, il lutta corps à corps avec un Arabe qu'il avait démonté, et en cherchant à détourner le canon du fusil de son ennemi, il eut l'avant-bras droit fracassé par la balle qui traversa de plus toute la poitrine en glissant au-devant des os, et se

vers le soir. Les douares situés à une journée de marche de Constantine étaient abandonnés et incendiés. Ce signe d'hostilité était d'autant plus surprenant que pendant l'expédition du maréchal Clauzel, les habitants des mêmes douares étaient restés dans leurs cabanes et même avaient mené paître leur bétail sous les yeux de l'armée française. Lorsque les brigades descendirent de la colline du monument vers la vallée de la rivière Rummel près Constantine, quelques centaines de cavaliers arabes attaquèrent l'aile gauche; mais ils ne tiraillèrent que d'une distance éloignée et n'arrêtèrent pas un moment la marche lente du convoi. Le camp fut construit à une petite lieue de Constantine. Il faisait déjà sombre quand les troupes formèrent leur carré de camp. Au même moment tous les sommets de la chaîne des collines de l'autre côté du Rummel se couronnèrent de cavaliers arabes; le nombre des ennemis s'accrut à chaque instant. Nous crûmes tous alors que le bey entreprendrait pendant la nuit une attaque désespérée; mais on n'échangea que quelques coups de fusil aux avant-postes.

Nous campâmes enfin le 6 près de Constantine. L'avant-garde s'approcha lentement du plateau de Mansourah. Le duc de Nemours était à la tête de sa brigade, qu'il commanda en réalité; il avait auprès de lui ses trois aides de camp, parmi lesquels se trouvait le prince de la Moscowa. Le général-gouverneur était entouré d'un état-major

logea enfin dans le bras gauche. Ce blessé, amputé sur-le-champ, pendant la marche de l'armée, par le docteur Sédillot, chirurgien de sa brigade, est arrivé le 1er novembre à Bone, parfaitement guéri. On doit espérer qu'il sera bientôt appelé aux Invalides, où il représentera, au milieu de toutes nos gloires militaires contemporaines, le souvenir vivant d'un des faits d'armes les plus brillants de l'armée d'Afrique.

plus nombreux .. pendant la marche - il avait évité autan que possible tout contact avec le duc de Nemours. Celui-ci avait alors l'air bien souffrant; sa figure belle et fine était blanche comme du papier; il portait autour du corps une double ceinture de flanelle, et il me paraissait lutter contre des douleurs physiques; mais, arrivé devant Constantine, sa santé se rétablit entièrement. Les bagages de l'armée, l'ambulance et l'arrière-garde campèrent dans une petite plaine au pied du mont Mansourah. L'état-major du général Damrémont logea au marabout Sidi-Mabrouk dans une petite maison délabrée; la tente du duc de Nemours fut dressée dans un jardin potager où l'on laissa entrer le vieux Stadschi Soliman Ben Zacri et les autres réfugiés de Constantine qui, de ce moment, commencèrent à jouer un rôle considérable. Le temps avait été ce jour encore jusqu'au soir très-favorable, et l'armée se trouvait dans la meilleure disposition. L'ennemi le plus redoutable dans une semblable expédition, c'est la pluie. Tandis que l'avant-garde prenait position sur le plateau, l'aile gauche du convoi fut encore une fois attaquée par les Arabes. Quelques milliers d'êtres blancs, montés sur des chevaux rapides, galopèrent le long de la rive gauche du Rummel, déchargèrent leurs fusils et se sauvèrent; aucune de leurs balles n'atteignit la colonne, et même la longue ligne de tirailleurs qu'on leur opposa n'eut aucun blessé après une fusillade de deux heures. Cette attaque tumultueuse des Arabes n'avait rien de sérieux, ils tiraient de trop loin et leurs coups ne frappaient que l'air. On leur lança quelques obus qui crevèrent au milieu d'eux. Quel plaisir alors de voir tous ces cavaliers, blancs comme des spectres, fuir en désordre et galoper ventre à terre!

Le général Damrémont, le duc de Nemours et la plupart des autres généraux s'étaient rassemblés à l'extrémité du plateau de Mansourah, pour reconnaître de là, sur le bord d'un précipice, la ville située tout près au-dessous d'eux.

De ce côté, Constantine offre aux regards un panorama remarquable. Sa masse de maisons grisâtres, assise sur un rocher aplati au sommet et escarpé tout autour, s'élève du nord vers le midi, par degrés insensibles, en un vaste amphithéâtre. Sa situation est plus élevée, mais beaucoup moins escarpée que celle d'Alger. Les deux villes ont à peu près la même étendue, mais elles ne se ressemblent pas du tout quant à l'aspect extérieur. Les bâtiments de Constantine sont de Style moresque, avec des cours intérieures et des galeries; mais, au lieu des belles terrasses d'Alger, ils sont couverts de toits en briques, constructions septentrionales, qui, transportées dans ces régions du midi, font mal aux yeux. Les maisons ont une couleur livide et cadavéreuse comme le rocher qui les porte. Les tours blanches des mosquées, s'élevant au-dessus de cette sombre masse de pierres, ressemblent à des fantômes couverts de linceuls qu'on verrait se dresser dans un cimetière. On aperçoit entre les maisons des cyprès, dont les pyramides d'un vert foncé leur font un ornement tout à fait en harmonie avec le fond du tableau. La Casbah couronne la cîme du rocher à l'extrémité sud-ouest de la ville : c'est un ancien bâtiment d'une immense étendue qui porte des traces d'origine romaine. A peine les habitants eurent-ils remarqué notre arrivée sur le Mansourah, qu'un cri de guerre impétueux partit de tous les bastions. Les femmes étaient montées sur les toits des maisons et poussaient des hurlements aigus, apparemment pour exprimer leur haine contre nous et encourager les défenseurs de la ville. Deux drapeaux rouges d'une dimension énorme flottaient sur les portes de Bab-el-Oued et Bab-el-Deheddid, et, dans le même moment, tous les villages arabes des environs furent incendiés par leurs propres habitants. On entendait s'élever des tours des mosquées la voix haute et grave du prêtre qui adressait le nom de Mahomet aux nuages rougis par le reflet des incendies; et ces nuages qui couvraient partout l'horizon annonçaient déjà les pluies des jours suivants,

Les groupes des généraux et des officiers de leurs états-majors étaient là debout sur le bord du précipice les yeux attachés sur cette ville lugubre. « C'est la résidence du diable; » s'écria subitement le prince de la Mascowa avec un accent de surprise, interrompant ainsi le silence de ses camarades. Ces paroles causèrent une espèce de frémissement à tous ceux qui les entendirent. Je crois que les témoins de cette scène imposante et terrible ne l'oublieront jamais. Le sifflement des boulets nous arracha bientôt à ces rêveries. Toutes les batteries de la ville, notamment celles de la Casbah et la grande batterie établie auprès de la porte Bab-el-Dcheddid, dirigèrent un feu richement nourri contre notre plateau. Un des premiers boulets passa entre le général Damrémont et le duc de Nemours; quelques minutes après, une bombe s'enfonça dans la terre derrière eux et creva avec un bruit formidable, mais sans faire de mal à personne. Le vieux général Valée secoua la tête en disant : « Ces coquins-là ont de bons artilleurs. » Ceux des spectateurs que le devoir ne retenait pas dans ce lieu évitèrent par une sage retraite la grêle de projectiles qui y tombait. Malgré le danger, le général Damrémont resta plusieurs heures sur le bord du précipice, comme plongé dans une profonde méditation : il y perdit un temps précieux. L'atmosphère était encore favorable et le terrain encore sec; avec des mesures plus promptes, on aurait pu, dès ce jour, établir quelques batteries sur le Mansourah, et transporter l'autre partie des pièces sur la colline Coudiat-Aty. On prétend que le gouverneur avait espéré encore sous les murs de Constantine un arrangement, et cela malgré tous les signes d'hostilité dont il venait d'être témoin.

Dans la soirée du 6, la troisième et la quatrième brigades franchirent la rivière du Rummel, et s'emparèrent sans résistance de la colline de Coudiat-Aty; mais deux batteries de l'ennemi qui croisaient la rivière tuèrent quelques hommes. Un aide-de-camp du général Fleury fut coupé en deux par un boulet lorsqu'il se trouvait au milieu de la rivière. Dans la matinée du 7, nous vîmes de Coudiat-Aty un très-beau spectacle de guerre. Plus de 3,000 cavaliers arabes descendirent des montagnes pour attaquer, sur les derrières et sur les flancs, les deux brigades qui y campaient. Ils se précipitèrent sur les rangs des Français en poussant des cris terribles. Toutes les pentes des montagnes et toutes les vallées derrière Coudiat-Aty étaient couvertes d'hommes blancs montés sur des chevaux gris. Des troupes moins expérimentées que les corps d'Afrique auraient été sans doute intimidées par le nombre et les cris de ces barbares; mais ces soldats, habitués à la guerre avec les Arabes, savent très-bien à quoi s'en tenir sur ces démonstrations. Les chasseurs d'Afrique permirent à ces cavaliers de s'approcher jusqu'à une demi portée de fusil, et deux escadrons firent alors une charge impétueuse; les Arabes n'attendirent pas le choc et s'enfuirent précipitamment. On en atteignit quelques-uns et on les tua dans la mêlée. Au bout de quelques minutes, cette foule de spectres hurlants avait évacué le terrain. Le même jour, une partie de la garnison de Constantine fit une sortie contre Coudiat-Aty. On la reçut avec l'artillerie de montagne et on la refoula bientôt dans ses murs.

Le 8, des pluies glaciales tombèrent toute la journée. Les artilleurs et les troupes du génie travaillèrent pourtant avec ardeur pour établir les batteries sur le Mansourah; mais le bombardement, annoncé pour ce jour, ne put commencer.

La nuit du 8 au 9 fut affreuse. L'armée coucha sur un sol humide et froid; on enfonçait dans la boue jusqu'au genou; et point de feu, pas un abri contre les torrents de pluie. Aux souffrances que causait la tempête, se joignirent les périls de la guerre; les batteries de la ville continuèrent leur feu, et plusieurs ennemis audacieux se glissèrent jusque dans les bivouacs. A peine le jour eut-il paru, qu'on aperçut de tous côtés des tirailleurs ennemis; les fusils, mouillés par la pluie, rataient, et les pauvres soldats étaient obligés de les essuyer et de les frotter à chaque coup qu'il fallait tirer. Ces braves recoururent alors à l'arme qu'ils manient si bien; quoique marchant péniblement dans les boues, ils s'avancèrent contre l'ennemi la baïonnette en avant, et avec une telle énergie, que les Arabes cherchèrent bientôt un asile derrière leurs murs.

Dans la matinée du 9, les batteries françaises commencèrent enfin leur feu du plateau de Mansourah; elles devaient faire taire les batteries de la ville, démonter les pièces, et intimider les habitants. Le général Damrémont se flattait que ceux-ci viendraient, ce jour même, demander une capitulation. Sans doute, il ne songeait pas à diriger l'attaque du plateau de Mansourah; l'expérience faite pendant la première expédition avait démontré qu'une attaque entreprise de ce point était impossible. Vers midi, les batteries de la Kasbah et de la porte Bab-el-Kantara cessèrent leur feu; quelques pièces seulement de celles qui étaient établies près de la porte de Bal-el-Dcheddit répondirent jusqu'au soir. Nos mortiers paraissaient avoir produit une grande démolition auprès de cette porte. On tira aussi sur le palais du bey, et sur la maison de son kalifa Ben-Aisa-el-Barkani, qui dirigeait la défense de la ville; mais qui, dit-on, tomba malade ce jour-là même. Les Français firent aussi quelques essais avec des fusées à la Congrève; elles tombèrent avec un sifflement étrange, au milieu de la ville, mais sans produire aucun effet. Il est presque impossible d'incendier une ville moresque telle que Constantine; car les projectiles n'y rencontrent presqu'aucune matière combustible.

Si le bombardement dirigé de Mansoura n'accéléra point la prise de la ville, il servit à relever le moral des soldats, accablés de fatigue et de souffrances, surtout celui des pauvres malades, qui comptaient tous les coups, espérant que chacun d'eux hâterait le moment où ils pourraient trouver un asile. L'aspect de l'ambulance faisait frémir. Qu'on se figure quelques centaines de malades serrés dans des voitures, ou gisant à terre sur des couvertures de laine trempées par la pluie, mouillés eux-mêmes et transis de froid; qu'on se figure aussi ces braves chirurgiens, les jambes plongées dans la boue, prodiguant aux malades des soins et des remèdes inutiles. Ils avaient assez de médicaments, mais pas assez de couvertures. Tout autour on entendait les soldats parlant dans le délire de la fièvre ou de l'agonie; toutes leurs pensées étaient en France; quelques-uns prononçaient des noms de villes ou de villages, quelques-uns des noms de baptême qui sans doute étaient ceux de leurs parents, et ils continuaient à gémir et à crier, jusqu'à ce qu'enfin il ne se trouvât plus que des cadavres dans la boue. Chaque jour les chirurgiens voyaient avec désespoir expirer devant eux des hommes qu'ils auraient pu sauver dans un autre lieu ou sous l'influence d'une autre température.

Dans la situation terrible où se trouvait l'armée, il n'y avait pas un seul instant à perdre pour établir les batteries de brèche. Le nombre des malades croissait, les vivres commençaient à manquer; le 10, les chevaux avaient déjà mangé tout leur fourrage. Pour faire monter l'artillerie sur le Coudiat-Aty en traversant la rivière du Rummel, on attela jusqu'à vingt chevaux à une seule pièce; on parvint enfin avec des peines inouies à surmonter tous les obstacles. Ce transport était d'autant plus difficile qu'on ne pouvait l'opérer que pendant la nuit pour éviter le feu des assiégés. Le 10, toutes les pièces de 24 étaient placées sur la colline, et le 11 elles commencèrent à lancer leurs boulets contre les murs entre les portes Bal-el-Oued et Bab-el-Dcheddid, seul point où une brèche fût praticable ; c'est là que finit le profond précipice qui environne toutes les autres parties de l'enceinte ; le rocher n'y forme pas une muraille escarpée, et l'on y communique de Coudiat-Aty par une haute jetée. Sans cet unique point vulnérable, Constantine serait un autre Gibraltar, qu'on pourrait détruire par des bombes, mais non pas prendre d'assaut.

Le gouverneur, le prince et le général Perregaux, chef d'état-major, se rendirent de Mansourah à Coudiat-Aty, pour observer les effets produits par les batteries de brèche. La communication entre ces deux positions n'a jamais été interrompue ; mais le passage de Rummel était toujours dangereux : d'un côté le feu des assiégés nous foudroyait : de l'autre, de nombreux groupes de cavaliers perchés sur les collines comme des oiseaux de proie, fondaient sur les hommes isolés qui essayaient de passer la rivière. Un soldat s'étant écarté des avant-postes pour couper du bois, des Arabes s'élancèrent sur lui, et avant qu'on eût le temps de tirer un coup de fusil, lui coupèrent la tête et reprirent leur volée. 500 Arabes environ campaient sur les hauteurs auprès de l'aqueduc colossal des Romains; leur quartier général était à une petite demi-lieue au sud de Coudiat-Aty, non loin d'une vaste habitation appartenant au bey, là où commencent les beaux jardins d'arbres fruitiers. On disait qu'Achmet y était en personne, entouré de 4,000 cavaliers Arabes du désert de Sarah et de quelques Kabaïles à pied. Ces derniers s'approchèrent quelquefois des tirailleurs français jusqu'à une demi-portée de fusil ; mais leurs attaques furent toujours conduites sans énergie et avec le désordre habituel à ces hordes et qui les rendent si inférieures à des troupes régulières en rase campagne. Lorsqu'ils s'aperçurent du peu d'effet de leur feu de tiraillement, ils le cessèrent et se bornèrent pendant les derniers jours à observer l'ennemi. Il y avait dans leur camp beaucoup de femmes qui, à l'instar des femmes des anciens Germains, encourageaient les guerriers par des cris et des applaudissements.

Dans la matinée du 12, la brèche était devenue si large, que douze hommes de front auraient pu y passer. Vers huit heures, le gouverneur fit cesser le feu, parce qu'il attendait le retour d'un parlementaire envoyé dans la ville pour sommer les habitants de se rendre; ceux-ci retinrent le parlementaire jusqu'à ce qu'ils eussent un peu réparé la brèche avec de la terre ; puis ils firent répondre : « Si vous demandez de la poudre, nous vous en donnerons ; si vous demandez du pain, vous en recevrez ; mais vous n'aurez pas la ville tant qu'un seul de ses défenseurs sera debout. » Après la réception de cette réponse, on fit recommencer le feu. Les mortiers et les pièces de 24 tonnèrent sans interruption : chaque coup était répété par l'écho le plus voisin de la montagne, qui le renvoyait à un écho plus éloigné, celui-ci à un autre, tellement que le bruit de la cannonade a pu être répercuté ainsi de montagne en montagne jusqu'au désert. Après avoir examiné la batterie, le général Damrémont s'avança imprudemment vers la partie occidentale de Coudiat-Aty, pour observer, à l'aide d'une longue vue, l'effet du feu. Les boulets, les bombes et même les balles qu'il entendait siffler ou crever autour de lui, ne purent l'arrêter dans sa promenade téméraire. Il expia enfin ce mépris obstiné de la mort : un boulet de quatre le renversa sans vie. A peine eût-il le temps de recommander à Dieu son ame intrépide par ce mot : *Mon Dieu !* qui lui échappa. Le général Perregaux, se penchant sur le corps de son ami, fut blessé au front par une balle. Le général Rülhières fut effleuré par un coup de fusil à la joue gauche, et sa capote fut trouée de plusieurs balles. Le duc de Nemours se trouvait sur le même lieu où les projectiles de toute espèce ne cessaient de pleuvoir; ses aides-de-camp essayèrent de l'en éloigner même par la force : mais il résista avec indignation, et resta comme les autres jusqu'à ce qu'oneût relevé le corps du général Damrémont.

Le jeune duc de Nemours, pendant toute l'expédition, a fait preuve d'une grande bravoure ; je l'ai vu au milieu du feu le plus terrible sur des lieux où les bombes s'enfonçaient dans la terre quatre fois par minute; nous autres, nous pensions ne rien faire de honteux en nous couchant quelquefois pour que les éclats de bombes passassent au dessus de nous : mais le prince méprisait nos manœuvres prudentes et se promenait sous la pluie de balles avec un sang-froid que nous admirions tous. Sa taciturnité était aussi surprenante que sa bravoure.

Le duc de Nemours montra dans toutes les occasions une bravoure inébranlable et un grand sang-froid; mais il resta muet.

Après la mort du général Damrémont, un conseil de guerre fut convoqué, et le commandement de l'armée fut confié au général d'artillerie Valée, vétéran de l'empire. Ce triste événement n'occupa l'armée que pendant quelques heures; il fut bientôt oublié. Le général Damrémont et les soldats de l'armée d'Afrique se connaissaient depuis trop peu de temps pour que la perte de ce général, qui pour la première fois exerçait un commandement de quelque importance, pût causer en eux une sensation bien profonde. C'était une opinion générale dans l'armée, surtout parmi les soldats, que Constantine n'eût pas été prise si le général Damrémont eût conservé le commandement.

Le général Valée, opposé au système de négociations qu'on avait adopté depuis quelque temps, donna sur-le-champ l'ordre de doubler le nombre et la célérité des coups. Vers midi, une nouvelle batterie était construite, plus près de la ville que les autres; elle tirait, par conséquent, avec plus de certitude. L'armée avait appris que l'assaut aurait lieu le lendemain; elle accueillit cette nouvelle avec une grande joie : en effet, il était temps. Non seulement les troupes avaient horriblement souffert, mais depuis le 10 les chevaux et les mulets n'avaient pas mangé un grain d'orge : ils mouraient par centaines. Moi-même j'avais perdu mon petit cheval de race arabe, habitué aux fatigues et aux privations du bivouac. Ajoutez à toutes ces misères le manque absolu de bois. A la fin du siége, les soldats ne trouvaient même plus quelques misérables tiges de chardon pour faire leur soupe.

Le bivouac était affreux, surtout pendant les nuits froides et humides, où l'on entendait que le bruit des averses et les hurlements d'un vent glacial, les plaintes des malades et les hennissements des chevaux affamés. Heureusement, le 12 octobre, le ciel s'éclaircit un peu, et avec lui l'humeur des soldats. On ne saurait se faire l'idée de l'influence qu'exerce l'atmosphère sur le moral d'une armée dans des circonstances pareilles. Le 13, le soleil se leva sur un horizon entièrement dégagé de nuages : cela parut un signe de bon augure. Les corps désignés pour l'assaut poussèrent des cris de joie. La première colonne d'attaque fut formée par un bataillon de zouaves, deux compagnies du 2e léger, la compagnie franche et une partie du génie sous le commandement du colonel Lamoricière. Cet officier a le don d'exciter l'enthousiasme des soldats. Les zouaves, couchés dans une tranchée, s'étaient approchés de la brèche jusqu'à une distance de soixante pas; ils y avaient séjourné pendant vingt-quatre heures en attendant le signal de l'assaut, qui devait être donné par huit coups de canon tirés à la fois. Les boulets devaient soulever un nuage de poussière près de la brèche pour empêcher les assiégés de tirer sur les premiers assaillants. A huit heures du matin, les fanfares de la musique de la légion étrangère accompagnèrent le bruit des huit coups de canon ; la musique et les tambours des autres régiments répondirent à ce signal ; le colonel Lamoricière sauta de la tranchée et s'élança le premier, le sabre à la main, sur la brèche ; les zouaves et les autres corps le suivirent au pas de charge. A ce moment, tous les Arabes et Kabaïles postés sur les collines du sud et de l'ouest poussèrent des cris sauvages si bruyants qu'on n'entendait plus les fanfares de la musique française ; bientôt ils se lassèrent de crier, et à leurs hurlements succédèrent des cris rauques et plaintifs; c'étaient comme le chant de mort de la ville du diable. Une demi heure après, les Français étaient maîtres de la brèche.

La seconde colonne d'assaut se composait des compagnies d'élite du 17e léger et du 47e de ligne, des tirailleurs d'Afrique et de la légion étrangère. Le colonel Combes, qui la commandait, arriva devant la brèche au moment où les zouaves demandaient des échelles. C'est que, derrière la brèche, il n'y avait pas d'entrée dans les rues, mais une porte fermée et des maisons percées de créneaux. Cet obstacle fut écarté par une formidable explosion de poudre qui tua plus de cinquante Français, et en blessa un plus grand nombre. Les récits sur cette sorte d'explosion sont fort contradictoires ; comme ceux qui en furent les plus proches témoins y périrent, il a été difficile d'obtenir sur ce point des renseignements exacts. Quoi qu'il en soit, cette catastrophe qui fut fatale à tant de braves, détruisit les derniers retranchements de l'ennemi. Les zouaves se précipitèrent dans les rues, la baïonnette en avant. Le combat, qui eut lieu sur la brèche et dans les rues, ne dura guère plus d'un quart-d'heure, mais il fut meurtrier; trois ou quatre cents morts, français, zouaves, kabaïles et turcs gisaient pêle-mêle sur le sol.

Pendant la durée de la lutte, nous autres spectateurs, postés sur le Coudiat-Aty, nous éprouvions des émotions indicibles. J'ai été plusieurs fois dans ce pays témoin d'expéditions militaires; j'ai admiré partout la valeur brillante, héroïque de l'armée française; mais, cette fois, mon admiration fut portée au comble : ici le péril était formidable, la mort était presque certaine pour les premiers assaillants; pourtant il n'y eut pas un seul homme dont le cœur faiblit, dont le pas se ralentit et chancela. Les chefs, et notamment les sous-officiers, donnaient au soldat l'exemple de l'intrépidité; aussi le nombre des morts, sur la brèche, fut-il égal parmi les officiers et sous-officiers et parmi les soldats. Le mépris de la vie, qui chez les Francais est sans borne, a toujours été pour moi inexplicable. Je le comprends comme effet de l'exaltation religieuse, alors que l'ame rend le corps insensible à la douleur physique, et fait quelquefois d'un être chétif un géant; mais je le conçois à peine uni à ce manque de foi qui distingue l'esprit français; car cette nation en général ne croit pas à l'immortalité, si ce n'est à celle que donne la gloire. L'homme qui ne sait se représenter la mort que sous la forme hideuse de la matière en dissolution, devrait trembler devant elle et s'attacher obstinément à la vie comme au principe unique du plaisir et de la lumière.

Constantine avait encore, au moment de l'assaut, 6,000 défenseurs. Les Turcs les plus braves se jetaient, le yatagan à la main, au-devant des assaillants et expiraient sous les coups de baïonnettes; mais à la fin la terreur de mort s'emparait de ces ames fanatiques; et cependant ils étaient convaincus qu'une main chrétienne, en leur donnant la mort, les envoyait en paradis.

Les habitants continuèrent quelque temps encore leur

résistance dans les rues, pour s'assurer la retraite vers la Kasbah et une issue hors de la ville; beaucoup s'élancèrent à travers des rochers vers la plaine, du côté du midi; plusieurs se tuèrent en tombant, d'autres se blessèrent; quelques-uns se traînèrent péniblement jusqu'aux jardins méridionaux, ou furent emportés par leurs parents : deux cents cadavres gisaient au pied des rochers.

Avec la résistance des habitants de la ville, cessa la fureur des soldats français; mais on ne pouvait les empêcher de piller. Cependant aucun habitant ne périt pendant le pillage. Vers neuf heures, le drapeau tricolore avait remplacé sur le rocher le drapeau rouge. La palme de la victoire est due à la première colonne d'assaut et à son brave chef le colonel Lamoricière. Cet intrépide officier, le visage brûlé, presque privé de la vue, conduisit les Zouaves jusqu'à la Kasbah. La deuxième colonne soutenait la première avec zèle; mais les dangers qu'elle courait n'étaient plus les mêmes. L'explosion de poudre avait déjà eu lieu lorsqu'elle arriva sur la brêche. Le colonel Combe, le commandant de cette seconde colonne, fut frappé par deux coups de fusil, lorsqu'il se trouvait sur la muraille; cependant il continua à commander ses soldats jusque dans la ville. Ce ne fut qu'alors qu'il se rendit auprès du duc de Nemours, lui fit son rapport, et ajouta enfin avec le plus grand sang-froid : « Monseigneur, permettez maintenant que je me retire; je suis blessé mortellement; je vous recommande ma malheureuse famille. » Il avait su tellement se contenir pendant qu'il faisait son rapport, que le prince ne s'était point aperçu de l'état où il se trouvait. Le colonel Combe eut encore la force de retourner presque seul au bivouac de son régiment, où, trois jours après, il fut enterré. Vers dix heures du matin, le massacre avait entièrement cessé, et dès ce moment aucun coup de fusil ne fût plus tiré. Les Arabes et les Kabaïles, qui, du haut de leurs collines, avaient été témoins de l'assaut, se retirèrent en silence lorsqu'ils ne virent plus le drapeau rouge.

Tous les curieux de l'armée accoururent alors pour voir l'intérieur de cette sombre ville, qui, dans le cours d'une année, avait été le théâtre de deux catastrophes, et dont la prise venait d'être achetée au prix de tant de sang. La brèche avait trente pieds de largeur. Il fallait, pour y monter, grimper sur une élévation de terre et de sable. Un grand nombre de sacs de laine, de pierres, etc., était épars derrière la muraille renversée. Ces matériaux avaient été probablement entassés pour remplir la brèche. On voyait derrière la brèche des débris de maisons, crevées par la violence de l'explosion. Les corps sanglants et brûlés des Africains et des soldats français gisaient ici les uns si près des autres que nous ne pouvions pénétrer dans la ville qu'en marchant sur ces morts. La plupart des cadavres étaient horriblement mutilés. Plusieurs étaient sans tête, ou le visage tellement noirci par les brûlures, qu'on ne pouvait plus distinguer les blancs européens des Kabaïles basanés et des nègres. Dans les rues de la ville, au contraire, les cadavres n'étaient point mutilés. Les groupes des morts y avaient même quelque chose d'imposant. Là on avait combattu face à face, et le Français reposait comme réconcilié sur la poitrine du Kabaïle. Il y avait une expression de tranquillité héroïque dans les pâles figures des Français ; ils paraissaient dormir, tandis que les traits sanglants des Maures et des Kabaïles étaient défigurés par des grimaces atroces. Je n'oublierai jamais la figure à longue barbe blanche d'un vieux Maure ou Turc que je vis assis et appuyé vers le coin d'une maison, les yeux et la bouche ouverte, la main gauche fermée et étendue vers le ciel, tandis que la main droite tenait encore un pistolet. Cette figure avait quelque chose d'horriblement menaçant.

Parmi les épisodes de ces scènes de carnage, j'ai remarqué un trait d'humanité qui m'a paru plus digne d'admiration qu'un acte d'héroïque bravoure. Au milieu du pillage, j'aperçus un officier du génie qui portait avec le plus grand zèle les cadavres des soldats de son arme dans des lieux écartés, afin que ceux qui pillaient et qui, dans leur fureur, se précipitaient d'une maison dans l'autre en marchant avec indifférence sur les corps de leurs camarades, ne pussent point les mutiler. Puis le même officier courait dans les maisons les plus proches, pour en protéger les habitants tremblants et en chasser les pillards furieux. Deux pauvres Maures aveugles étaient debout au coin d'une des rues; ne sachant peut-être point ce qui se passait, ils étendaient leurs mains, et demandaient du pain. Leurs figures douces et belles avaient une singulière expression de prière. « C'est trop, s'écria un soldat, ces coquins nous demandent encore du pain. » — « A qui voulez-vous qu'ils en demandent? dit l'officier. Ces pauvres diables n'ont plus que nous pour leur en donner. » Et il courut vers des soldats de son corps et leur demanda un morceau de biscuit pour les ennemis aveugles. Cela eut lieu une heure après le carnage le plus atroce.

Cet homme généreux, dont je crois devoir citer ici publiquement le nom, était M. Chandou, lieutenant du génie d'état-major. D'autres officiers auront des décorations pour le sang qu'ils ont versé en braves. Si j'étais le roi Louis-Philippe, j'enverrais la croix à cet officier, pour récompenser son humanité.

Lorsque le bruit du combat eut cessé, on enterra les morts avec assez peu de cérémonie; on jeta tous ensemble, Français et Africains dans une grande fosse. Il ne resta plus rien à faire qu'à se promener et à prendre un coup d'œil de la ville. L'intérieur de Constantine ressemble à peu près à toutes les autres villes de Barbarie. Des maisons sans croisées, ayant des cours intérieures et des galeries à colonnes, des rues étroites, sombres, sales et puantes, quelques marchés publics, et une immense quantité de cafés et de boutiques. Voilà le tableau général de la ville intérieure. Les mosquées ne sont pas plus belles que celles d'Alger. Les soldats français avaient pénétré aussi dans les lieux sacrés et en avaient enlevé les magnifiques tapis; c'est pourquoi l'intérieur de ces temples parut très-pauvre. Le palais du célèbre Ben-Aissa n'est pas très-brillant; les galeries n'ont pas même les colonnes qui ornent généralement la maison de chaque Maure tant soit peu riche. En revanche les caves de cette maison dit-on, renferment des sommes considérables d'argent comptant qu'on y á caché; l'extérieur du palais du bey est bien misérable; M. Planta, artiste français, dessina une esquisse parfaite de ce palais; il la publiera avec plusieurs autres vues lithographiées. A l'aspect des peintures à fresque du palais, nous fûmes pris d'un rire inextinguible; elles sont mauvaises au-dessus de toute expression; l'art de la peinture est chez ce peuple encore dans l'état d'enfance, tandis qu'il n'y manque pas d'architectes habiles. Les peintures à fresque représentent pour la plupart des voiles déployées et leurs canons faisant feu. L'attaque manquée du maréchal Clausel est aussi représentée sur les murs; les Français y sont peints comme des nains, et les Turcs comme des géants. Dans une aile du palais se trouvaient environ 80 femmes. C'étaient des prisonnières du bey, les épouses et les filles de cheiks arabes, qui n'avaient pas payé le tribut et dont le bey espérait extorquer une rançon. Achmet bey, qui malgré son âge est encore très-libertin, traita ces femmes durant leur captivité comme les siennes.

Après avoir examiné la ville, nous allâmes examiner les ruines de Cirta. Elles ne sont pas aussi nombreuses que nous l'avions cru. Le pont romain, qui traverse le v u Rummel, est une belle construction; mais la plu grande partie en est moderne, bien que construite d'après le modèle de l'ancien pont romain. Selon les rapports correspondants des habitants, cette nouvelle constuction eut lieu en 1793 ; quelques vieillards prétendaient se souvenir encore de l'ancienne forme romaine. Sa hauteur est au moins de 150 pieds. Nous découvrîmes aussi, au pied du pilier principal, la figure sculptée de cette femme étrangement habillée, et ces deux monstres que le docteur Shaw prend pour des éléphants, mais qui, sans contredit, sont des imitations de l'hippopotame. Le dessin que M. Shaw en fit n'est pas bien exact. D'ailleurs, ces figures, très-petites, sont loin d'être des chefs-d'œuvre. Les débris d'un aqueducromain, traversant le Rummel et les Listennes, sont des ruines imposantes de la belle époque de Cirta. Mais nous ne découvrîmes point le bel arc de triomphe dont M. Shaw a donné une esquisse. En revanche, nous trouvâmes les débris d'un autre arc de triomphe dans la rue Soak-el-Kebin, où M. Berbrugger découvrit une inscription. Les Arabes disent qu'il y a encore beaucoup de ruines romaines entre Constantine et la petite ville de Mila. Aussi beaucoup de pierres, murées dans les maisons de Constantine, portent des traces incontestables d'origine romaine. Nous vîmes sur quelques-unes de ces pierres des inscriptions que nous copiâmes avec soin.

Vous savez que le général Damrémont, avant son départ de Bone, avait nommé une commission scientifique qui devait faire des observations archéologiques, géognostiques, botaniques, etc., et recueillir tous les objets intéressants d'art, de nature, d'antiquité, des manuscrits, etc. Le président de la commission était le général Perregaux. Je crois qu'il importait peu au gouverneur que la science tirât quelque profit de cette expédition ; l'institution de cette commission n'était qu'une comédie, comme tant d'autres choses qu'on fait actuellement en France. Le général Damrémont ne voulait en faire qu'un vain étalage dans le *Moniteur algérien*. S'il avait voulu faire quelque chose pour l'exploration scientifique de ce pays intéressant; il aurait du moins accordé aux membres de cette commission un appui efficace; mais on ne leur fit que des promesses; on ne leur donna même pas un mulet pour porter les instruments les plus indispensables.

Pendant toute la durée de l'expédition, personne ne se souciait de cette pauvre commission scientifique, et il ne vint pas même à l'idée du général Perregaux de la convoquer une seule fois. La moitié de ses membres lui est même restée tout-à-fait inconnue. L'intendant civil, M. Bresson, qui aime et favorise avec zèle les sciences, avait chargé le docteur Laborde d'examiner chimiquement les sources thermales de Hammam-Meskhoutin. Mais, arrivé à Merdjez-Hammar, il ne put pas même obtenir une escorte de 12 hommes pour l'accompagner aux sources. Le pauvre homme suivit l'armée jusqu'à Constantine sans savoir pourquoi, et rapporta enfin toutes ses bouteilles entièrement vides à Bone. M. Berbrugger recueillit pour la bibliothèque d'Alger, dont il est le conservateur, environ 800 livres arabes, qu'il acheta des soldats après le pillage. Le général Valée lui refusa même l'autorisation de mettre ses livres sur les fourgons vides. M. Berbrugger gagna alors quelques officiers des bagages, mais ses caisses furent deux fois pendant la route jetées par terre, et il fallut toute l'énergie infatigable de ce bibliothécaire zélé pour transporter ses trésors jusqu'à Bone. Parmi ces livres se trouvent quelques ouvrages d'une valeur inappréciable; par exemple, une histoire de la ville de Constantine, une collection des rois des Kadrs, une géographie des Indes-Orientales, et enfin l'ouvrage de l'auteur el Makay, de Tlemcen, l'histoire de l'empire des Sarrazins.

Un travail digne d'éloge, fait par quelques membres étrangers à la commission, ce sont les mesures prises des élévations. On a aussi examiné les rochers des environs de Constantine sous le rapport géognostique; et dans la plaine charmante qui s'étend au midi de la ville, on a recueilli quelques objets intéressants du domaine de la botanique et de la zoologie. Tout cela s'est fait, grace au zèle personnel de ces hommes, qui dans leurs excursions chez les Arabes, risquaient leur tête; car, malgré toutes les promesses, on ne leur a jamais accordé une escorte. Il en était autrement en Egypte pendant l'expédition de Bonaparte. Le grand homme veillait avec anxiété à la sécurité de ses savants, et, dans toutes les attaques des mamelucks, il les fit placer au milieu des carrés. Les généraux de l'expédition de Constantine n'auraient pas dit mot si les Bédouins avaient coupé la tête à tous les membres de la commission scientifique.

Trois paysagistes habiles accompagnaient l'armée. Ils trouvèrent les matériaux les plus magnifiques pour leurs esquisses dans les environs pittoresques de Constantine. Le panorama de cette ville de rochers, sombre, grisâtre, vu de la hauteur d'el-Mansourah; la vue de la même ville du côté du midi, où elle offre un tableau tout différent, et, située sur le sommet du rocher escarpé, ressemble à un nid d'aigle; puis la miraculeuse plaine que parcourt le Rummel en courbures innombrables, et où s'étendent, aussi loin que l'œil peut les suivre, des forêts brillantes de cyprès, de citronniers, de mûriers et de grenadiers; enfin la cascade du Rummel qui tombe d'une hauteur de 500 pieds. Tous ces magnifiques tableaux attireront beaucoup de voyageurs vers ces contrées dès qu'elles seront un peu moins dangereuses. Les lithographies que publiera M. Planta, artiste très-distingué, auront beaucoup de succès en France et parmi tous les artistes du monde.

Il est naturel que, de tous les amateurs présents, les officiers étrangers aient été les plus satisfaits du résultat de cette expédition. Plusieurs de ces Messieurs, avides de guerre, avaient accompagné le général Bugeaud dans sa dernière expédition vers la Tafna, et étaient retournés en Europe, mécontents de l'issue de cette campagne peu fertile en événements militaires. Enfin, l'expédition de Constantine fut résolue; ces aventuriers infatigables montèrent de nouveau le bateau à vapeur, et volèrent vers ces bivouacs froids et nébuleux de l'Atlas, pour entendre siffler les balles des Kabaïles. Cette fois leurs vœux ont été plus qu'exaucés. « Maintenant je consens avec plaisir à mourir, disait un de ces officiers; après vingt ans passés dans l'ennuyeuse vie de garnison, j'ai enfin vu le côté beau et sérieux de mon métier. »

Parmi les officiers étrangers qui suivirent l'armée, on remarquait M. Willisen, officier d'ordonnance du prince royal du Prusse; et M. Velrichs, lieutenant-major, attaché au 7e corps de l'armée prussienne.

Ce que les officiers et les soldats françaist on fait et souffert dans cette campagne est vraiment surhumain. Ils étaient aussi admirables dans ces cinq nuits de pluie, où ils éprouvaient toutes sortes de souffrances, que sur la brèche où il s'agissait de mourir.

La valeur d'une poignée de guerriers qui, dans le moment de l'assaut, ne comprenait pas plus de 5;000 hommes en état de combattre, a vaincu la résistance d'une forteresse de rochers, bâtie par la nature, la fureur hostile des éléments et le fanatisme de barbares aguerris.

Certes, la jeunesse actuelle de la France est une génération de héros; le fier Arabe fait aujourd'hui de nouveau cet aveu, et toute l'Europe reconnaîtra cette vérité sur le premier champ de bataille qui se présentera.

FIN.

BIBLIOTHEQUE ROYALE
I

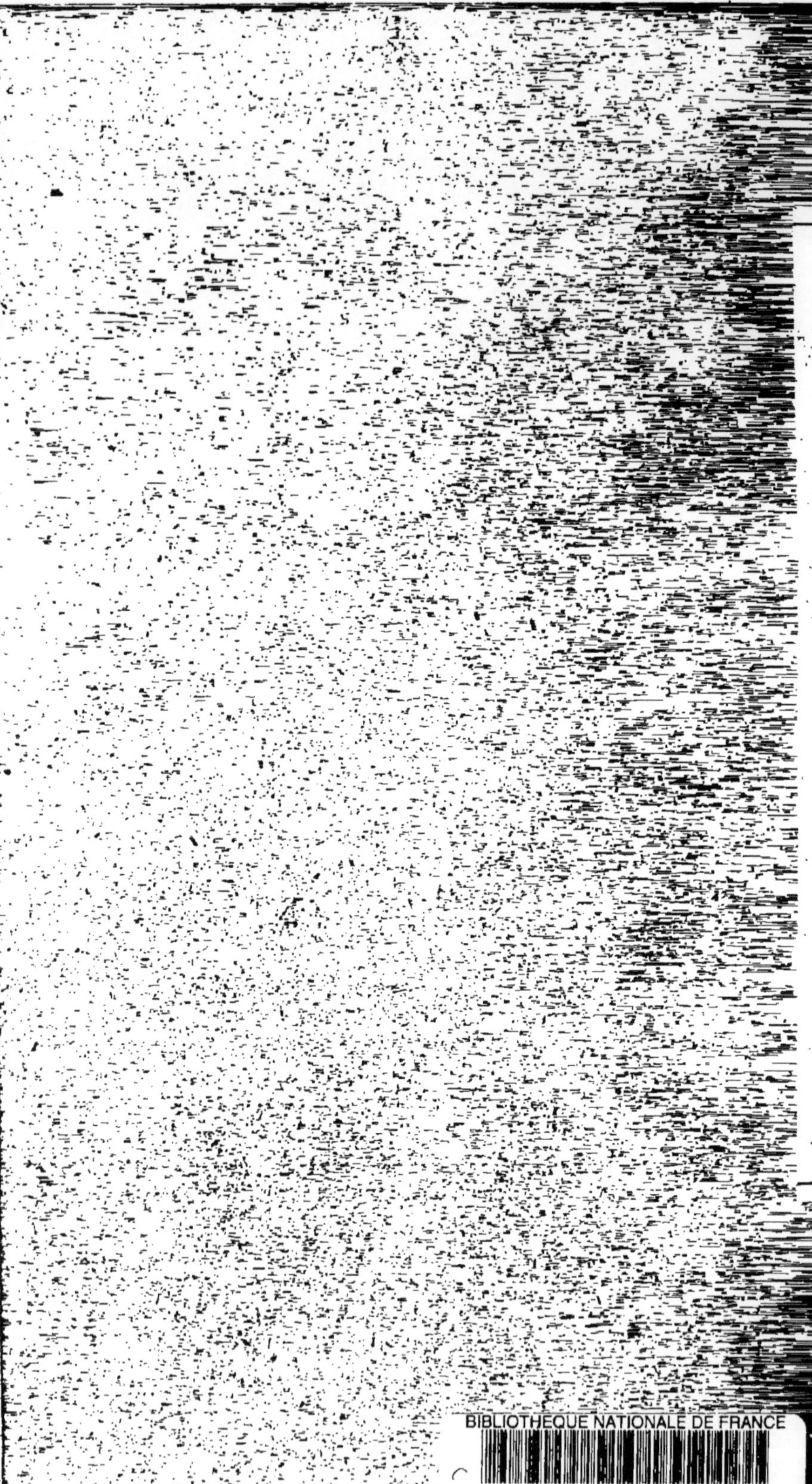

www.ingramcontent.com/pod-product-compliance
Ingram Content Group UK Ltd.
Pitfield, Milton Keynes, MK11 3LW, UK
UKHW020453230726
13925UKWH00005B/1912

9 782014 443639